AF138691

Marion Jana Goeritz

Liebeslied

Bibliografische Information der Deutschen Nationalbibliothek:

Die Deutsche Nationalbibliothek verzeichnet diese Publikation in der Deutschen Nationalbibliografie; detaillierte bibliografische Daten sind im Internet über http://dnb.dnb.de abrufbar.

Coverbild: Marion Jana Goeritz

Herstellung und Verlag: BoD – Books on Demand, Norderstedt

ISBN: 978-3-7392-3548-6

Herzlich Willkommen liebe Leser,
ein Liebeslied erklingt und erzählt
von Gefühlen.
Vielleicht bleiben diese Worte ein-
fach nur so stehen, und haben nur
für einen Menschen Bedeutung,
doch auch dann bleiben sie für
immer in dieser Welt, immer hof-
fend auf ein liebendes Echo.
Wenn ein Mensch liebt, singt er
sein Lied und es erklingt im Ande-
ren als schöne Melodie, wenn er die
Gefühle empfängt und fühlt, dass
sie für ihn bestimmt sind.

Herzlichst
Marion Jana Goeritz

Er schreibt:
Schreib in die Zukunft
unseren Traum
wir leben
im größten Dreck
doch wir halten uns an den
Händen
uns nimmt niemand
etwas weg

Sie schreibt:
Doch meine Seele
sie wird gehen
aus meinem Leben
irgendwann
und sie kommt
nie zurück

ein Engel
bin ich dann
die Zukunft
sieht dann anders aus
als du sie jetzt erträumst
doch ich werde
nach dir schauen
in einem schönen Traum.

Alter Weg
kein Entkommen
auch vor großer Liebe nicht
und mein Traum
er hat begonnen
wir lieben uns

Badewannentango
Emailleweiß
zwei Herzen
sind entflammt
und brennen heiß
für immer

Großes Meer
auf Erden hier
erzähl von deinen Tiefen
damit ich endlich lernen darf
auch hochzufliegen

Mein Schritt um Schritt
beim Gang hier her
hat mich fühlen lassen
Wege sind schon ausgesucht
ich werde nichts verpassen

Bäche plätschern
frühlingswach
durch des Landes bunte Pracht
leichte Brise
lautes Lachen
Liebe ist erwacht

Rote Seide
Herzensnah
Träume
werden endlich wahr

Was musstest du tragen
durch dein Leben
was musstest du sagen
um zu leben
was ist das
mit deinem Schmerz

Früher Anfang
tut gut
früher Anfang
braucht Mut
früher Anfang
braucht einen Weg

Strandgeflüster
heiße Welle
Herzen außer sich
gelber Sand
unter unserer Haut
Fragen
stellen sich nicht mehr

Volle Puste auf dem Sattel
fliegen wie der Wind
von W nach L in Windeseile
Rückenwind geschwind

Schreibe deine Liebe
mit Liebe in mein Herz
ich schreibe meine Träume
nur für dich ins Netz

Der Winter fängt Gefühle ein
mit denen der Herbstwind
noch spielte
im Frühling schon tanzen nur
wir zwei
für immer durch unser Leben

Fragespiel am Abend
lernen uns jetzt nun kennen
ehrlich währt am Längsten
wir möchten uns bekennen

Solarherz
übervoll

Schreiender Wind
es knistert und knackt
bis das Geäst
sich zeigt nackt
die Rinde sie schwebt
im Wind der Sinne
nichts bleibt ungesagt

Raum und Zeit
in der Ferne
Vergangenheit

Flächenbrand Herz
lodernde Flammen
im Wind
Sauerstoffzufuhr
bestimmt das Überleben
sollte es nur
einen Wissenden geben

Er weiß
von meiner Angst
von meiner Seele

Verbrauche
meine Liebe nicht
nimm dir deinen Teil
schmeckt dir der Nektar nicht
bleibt deine Nachricht aus

Kreative Bilder
fliegen durch meine Seele
halten fest an deinem Namen
lassen ihn schreiben
mit Tinte aus meinem Füller
male ihn aus
mit bunten Federn

Kopfsache
im Sand gefunden
ich glaube
eine Belohnung
für dich wird eingeräumt

Abgeräumt
für ein Leben in Freiheit
das Tafelsilber blieb
doch heute
fehlt es dir denn schon

Hol die Sonne aus dem Tag
und bring sie in die Nacht
frage meine Seele nicht
frage mich danach

Mutig nach vorn
ich glaubte daran
an Glück und Liebe
und fing an
den Traum zu leben
nur in der Nacht
und fühlte
er hat es nicht
bis in den Tag geschafft

Ein Weltenei im Universum
es fliegt durch die Sterne
durch Widder und Co
man könnte es sehen
irgendwo
wenn man möchte
zum Mond mal schauen
da fliegt es vorbei
im Handumdrehen
es fliegt
die Strecke zur Venus zu
willst du
es mal sehen
immer zu
es leuchtet hell
auch am Tag
und bei Nacht

hast du dann Kopfsalat
Gratuliere
ich habe das Ei
auch nicht verpasst

Als ich mich
selbst kennerlernte
begann ich zu lieben
eine Seele
deren Augen
nach mir schauten
süchtig nach Liebe
fuhr ich Achterbahn
himmelhochjauchzend
zu Tode betrübt
durch den Tag
auch durch die Nacht
und lernte mich zu halten
auch an
manchem
schweren Tag
ich griff nach dem Mann

da in der Ferne
doch er hatte nichts bemerkt
ich schrieb in Wut
im Ärger auch
es war für mich nicht leicht
doch dann
riss die Zeit ein Loch
und plötzlich
war es Liebe doch
für zwei

Hauptsache Liebe
Hauptsache Reden
Hauptsache Liebe machen
Hauptsache Leben
Hauptsache Lachen
Hauptsache Wir
Hauptsache alles nur mit mir

Keiner
kann wohl anders
als seine Seele es lebt

Küsse in der Nacht
wärmen die Seele
fallen ein
bei Mondenschein
lassen Gefühle
hoch nur schweben
alles ist möglich
nie mehr allein

Flaschengeist
wo willst du hin
ich sagte dir so viel
Flaschengeist
ist sage dir
du bedeutest mir nicht viel
ich schmecke nichts
von dem Gesagten
schmecke keinen Wein
ich frage mich jedoch
was mich glücklich macht

Keiner ist wie du
mag sein
ich spreche rosa

Deine Musik erklingt
meine Seele und ich
sind beschwingt
ein schönes Spiel
dein Herz bei mir

Effektvoll
dein Seelenspiel
das Arge dabei
ich hab nicht viel
nur mein Herz
auch
meine Hände
Gedanken
hab ich ohne Ende
Gefühle
tief
ganz neu sind sie
ich fühle
viel
ich fühle
tief
doch

weiß ich nicht
woher sie kommen
und
ob sie mich erklommen
weil
sie Hilfe sich erbeten
vielleicht
möchten sie mit dir leben

Gedankenwelt
Seelenheim
erfühlen einen Laut
Gefühle kehren wieder ein
wenn er sich endlich traut

Briefwechsel
Er schreibt:

Ich wollte
ich hätte schon eher
ich weiß
um die Sehnsucht in mir
ich wollte
du kannst verstehen
ich bin mir sicher
bei dir
deine Liebe sie hilft
deine Liebe sie lebt
meine Liebe sie schwebt
über deinem Seelenbett
doch ich weiß
um meine Fehler

ich weiß
um deine Angst
doch hoffe ich so sehr
das du mir verzeihen kannst

Sie antwortet:

Ich freute mich
über deine Zeilen
noch heute lächele ich
es hat mir sehr viel bedeutet
das du mir geschrieben hast
meine Tränen sie laufen
sie laufen
weit weg von mir
ich wünsche ihnen
eine gute Reise

und hoffe
sie reisen nicht zu dir
ich weiß
um deine Liebe
um deinen Seelenwunsch
ich fühle deine Lieder
ich habe mir es so gewünscht

Er schreibt wieder:

Danke
für deine Zeilen
keine Träne
kam bei mir an
doch
ich wünschte mir sie wohl
damit

ich mich um entscheiden kann

Sie antwortet:

Noch nie in meinem Leben
sagte ich einem Mann
ganz
aus tiefstem Herzen
was ich
für ihn fühlen kann
erst deine Gefühle
ließen mich wissen
was ich alles kann
so gern
hätte ich dir gesagt
ich hätte
dich zum Mann

möchte
dich lieben so wie heut
und würde so gern
von dir lesen
das du dir
es vorstellen kannst

Hoffentlich ehrlich
hoffentlich gut
hoffentlich gütig
hoffentlich Mut
hoffentlich wirklich
hoffentlich du

Spuren der Nacht
verblichen am Morgen
blieben nicht
unter meiner Haut
erst als du alkoholfreien Mut
getrunken
sah ich sie wieder kommen

Schau
zu dem Hoch deiner Seele
schau
zu deinem Willen
beim Gehen
schau zu
wenn unsere Seelen sich lieben
und lerne dazu
zu stehen

Im Land des Sandes
finden Körner ein zu Haus
im Land des Wasser
toben Tropfen sich richtig aus
im Land des Windes
wachsen kleine Böen auf
doch im Land der Liebe
blühen unsere Gefühle auf

Erbsenland abgebrannt
Scheine flattern zu

Rauchende Reifen
nur warum
vielleicht
ein entflammtes Herz
auf langer Reise

Töne
spielen eine Melodie
was nun erkannt
wird umgesetzt
mit Freude im Herzen

Himmel öffnet sich
sendet
viel Gutes auf uns vier
er findet
jemand liebes

Gutes erkennen
leicht gemacht
mein Gefühl
singt Liebe

Halt mich
lieb mich
nicht nur in schönen Stunden
sprich wahr
auch wenn es schmerzt
bleib da
auch wenn es mal kracht
wir schaffen es
in Liebe

Hinter Mauern aus Notenpapier
schlief mein Herz
auf dem Klavier
ich streichelte
sein Haar ganz sanft
und küsste ihn wach
was denn sonst

Gespräche
bei Kerzenschein
allein mit dir
armumschlungen
kein Blatt Papier
passt zwischen uns
doch eine leise Musik
sie erzählt
von Liebe und Liebe und Liebe

Du darfst mir erzählen
du darfst sein
wie du bist
wenn du es
nur ehrlich tust

Du schreibst mit Leidenschaft
mit Liebe zum Schreiben
du schreibst Gefühle auf
die alles beschreiben
doch sie bleiben
nur unter uns beiden

Brüllende Leere
endlich
gefüllt mit Frieden
Liebe
hat ein zu Haus

Allein
auf weitem Flur
ich bin in der Küche
braue einen Trank
dieser lässt uns tanzen
macht uns
nie mehr krank
immer zu
immer zu
trink ganz schnell
und im Nu
ich fühle
es ist wunderbar
denn ich
empfange Zeichen
Liebe bleibt
ein Leben lang

weil du nie mehr
von mir lassen kannst

Offenes Herz
so viel
sprichst du
Narben
heilen ab

Wünsche reisen
noch durch die Zeit
fühlen
große Liebe

Afrika
im Herzen
ich bin
für eine geführte Safari

Meine Quelle
findet ihren Weg
durch das Labyrinth
zu mir

Effektvolle Lichter
tanzen durch die Nacht
ihre Strahlen
finden Augen
Seelenherzen wurden wach

Abgefahren
vom Bahnhof der Einsamkeit
Ankunft
Bahnhof Liebe
auf die Sekunde genau

Rückenwind
fällt über uns her
und
trägt uns nach vorn

Frage ich dich
nach deinem Gang
frage ich dich
was ich so kann
wirst du mir erzählen können
weiß ich
ich bin dir nicht egal

Von Marion Jana Goeritz ebenfalls beim Verlag
BoD erschienen (BoD Books on Demand, Norderstedt, nähere Informationen finden Sie unter
www.BoD.de)

„Liebe für die Seele Band 1"
ISBN 978-3-7357-4045-8

„Liebe für die Seele Band 2"
ISBN 978-3-7357-7734-8

„Seelenweiß"
ISBN 978-3-7347-5769-3

„Seelen essen Liebe gern"
ISBN 978-3-7347-8706-5

„SeelenEngel" ein spiritueller Erfahrungsbericht
ISBN 978-3-7386-2588-2

„SeelenSchlüssel"
ISBH 978-3-7386-3844-8

„Seelenfarben"
ISBN 978-3-7386-3947-6

„Seelenschimmer"
ISBN 978-3-7386-4014-4

„Seelenfinden"
ISBN 978-3-7386-4037-3

„Ein Gefühl meiner Seele"
ISBN 978-3-7386-1506-7

„Seelenfrieden" Danken, Bitten, Entspannung
ein persönlicher Erfahrungsbericht
ISBN: 978-3-7386-4884-3

„Seelenweihnacht"
ISBN: 978-3-7386-5616-9

„Im Land unter dem Regenbogen" Wunderbare
Märchen und unglaubliche Geschichten
ISBN: 978-3-7392-0115-3

„Freddy und seine Geschichten"
ISBN: 978-3-7386-3321-4

„SeelenWorte"
ISBN: 978-3-7392-0455-0

„Herzanker"
ISBN: 978-3-7392-3482-3

„Im Fluss der Liebe"
ISBN: 978-3-7392-3489-2

„Seelenklänge"
ISBN: 978-3-7392-3532-5

Weitere Informationen zu Neuerscheinungen
finden Sie immer auf meiner Seite

www.buchkaleidoskop.Reikipraxis-Goeritz.de